ÉTAT DE LA QUESTION
SUR L'EXPLOITATION
DE LA MINE
DE SEL GEMME.

ÉTAT DE LA QUESTION

SUR

L'EXPLOITATION

DE LA MINE

DE SEL GEMME.

L'âcreté connue et l'impureté du sel gemme, le rendent désagréable au plus grand nombre des consommateurs et impropre à plusieurs des emplois du sel blanc.

(*De la Richesse minérale*, par M. Héron de Villefosse, in-4°, tome I, page 197.)

PARIS,

ADRIEN ÉGRON, IMPRIMEUR-LIBRAIRE,
RUE DES NOYERS, N° 37;
PONTHIEU, LIBRAIRE, AU PALAIS-ROYAL.
M. DCCC. XXV.

(6 janvier 1825.)

POST-SCRIPTUM.

Le projet de loi vient d'être annoncé et n'est pas encore publié.

Tel qu'il soit, puisse la commission de la Chambre des Pairs, avant de se former une opinion, examiner les quatorze échantillons dont l'analise est ci-jointe, et même aller visiter la masse de dix mille kilogrammes où ils ont été pris!

Ce sont les pièces du procès : c'est la mine en raccourci.

TITRES

des Ouvrages contenus dans ce Volume.

Etat de la question sur l'Exploitation de la mine de Sel Gemme.

Coup d'Œil sur l'exposé des motifs et le projet de loi relatif à la Mine de Sel Gemme.

Préambule de la discussion sur le projet de loi relatif à la Mine de Sel Gemme.

Historique de la loi proposée en faveur de la Mine.

Analyse du rapport fait à la Chambre des Pairs sur la Mine de Vic.

La Loi sans Motifs, ou Etat de la discussion sur l'exploitation de la Mine de Vic.

Les Périls de la Loi, ou dernier terme de la discussion sur l'exploitation de la Mine de Vic.

Extraits relatifs au raffinage des Sels de la Mine de Vic.

AVANT-PROPOS.

Cet écrit ne fut point conçu en vue de l'intérêt spécial et privatif des salines de mer; car alors, il se serait opposé à la vente des sels gemmes en faveur des fabriques de produits chimiques, et se serait borné à demander l'addition d'un dixième, en sus de la taxe, sur les provenances de la mine, mesure plus profitable au trésor que sa portion dans les bénéfices nets; mesure tout-à-fait appropriée au soutien des existences et des fortunes qui reposent sur cette propriété.

Si les droits des salines sont menacés, c'est en principe seulement; si leurs intérêts sont compromis, ce n'est que dans le vague de l'avenir. Quoi qu'elle dise ou qu'elle fasse, la loi, œuvre fragile de l'esprit humain, ploie sous le faix des choses, recule devant la barrière des habitudes; et le champ est fermé à la lutte illicite des sels de mine contre les sels de mer.

Une expérience de temps immémorial en apporte la garantie la plus certaine.

Telle est la nature variée et tenace à la fois des besoins et des goûts de la consommation, que chacune des nombreuses nuances de sels de mer est recherchée tour à tour, est épuisée tôt ou tard, s'élevant constamment de prix, en juste proportion de sa rareté, au-dessus du prix des autres nuances, dont la différence n'est pourtant perceptible qu'aux contrées instruites par un long usage.

Au point central, sur les frontières de Bourgogne, les sels de l'Océan, de la Méditerranée et des sources salées, déjà plus distincts à l'apparence, et cepe nant encore analogues d'origine et de propriétés, se présentent au contact depuis des siècles, sans qu'aucun d'eux aient pu gagner un pied de terrain sur la région dévolue aux sortes différentes, malgré que ceux de l'Est y soient offerts au prix de fabrique, et que ceux du Sud ne vaillent que 10 sous le quintal métrique, sur les marais salans.

Or, la mine de sel gemme ne peut amener, en concurrence de ces trois espèces de sels, que des produits tout-à-fait dissemblables à la vue, au goût et quant à l'emploi; que des produits dont le coût primitif s'élèvera, à raison du prix du bail et des dépenses d'extraction, à 8 ou 10 francs le quintal métrique, et augmenterait de 3 ou 4 francs en sus pour les frais d'épuration, de transport et de déchet, s'ils étaient livrés après le raffinage.

Que les habitans des côtes du Sud et de l'Ouest se tiennent en repos, car c'est encore le premier des biens : et qu'ils y restent, tant que la mine ne sera pas concédée à titre gratuit; tant qu'elle ne rendra pas, en sel blanc pur, la moitié au lieu d'un cinquantième; tant que les canaux ne se multiplieront pas à son bon plaisir; tant que les hommes n'auront pas méconnu leurs besoins et transformé leurs goûts; tant que les siècles n'auront pas roulé par dessus les siècles.

Et puis, en toute occurrence possible, n'y aurait-il donc plus, en tête de la France enorgueillie, au centre de cette éminente sphère, où ne pénètrent point les passions, et d'où se découvrent d'un coup d'œil, tous les intérêts, tous les droits? n'y aurait-il plus un Bourbon, un roi, un régulateur, qui dût et voulût réprimer les suites désastreuses d'une mesure mal avisée, rétablir les choses en l'état où les consacrait la justice, où les fixait la raison, et fermer à jamais cette lice périlleuse où se précipite l'esprit d'innovation, qui ne doute de rien, parce qu'il ne se doute de rien?

ÉTAT DE LA QUESTION
SUR L'EXPLOITATION
DE LA MINE
DE SEL GEMME.

IDÉE DE L'ÉCRIT.

Il y a une question.

Quel est l'état de la question?

La question étant bien posée, est résolue.

Ces trois pensées sont contenues l'une dans l'autre, et se soutiennent entr'elles: car, pour démontrer qu'il y a une question, on est obligé d'établir sous quels rapports, le projet lèse et frustre les intérêts légitimes; et dès lors que leurs droits sont violés ou menacés, la solution négative n'attend plus que d'être proclamée officiellement.

Il y a une question; et elle touche à la justice relative, à la richesse publique, au régime sanitaire; et elle soulève des questions collatérales, qui n'ont jamais été débattues.

Voilà ce qui ne paraît pas avoir été aperçu, pas même soupçonné; et voilà ce qu'on voudrait démontrer, en constatant les faits existans, tels que la nature les a engendrés, en recherchant quels effets seraient occasionés par le nouveau système.

Ainsi analisée sous tous les rapports, et réduite à ses vrais termes, la question sera résolue en elle-même, sera décidée comme par elle-même.

Il existe, de tout temps, avant la conquête des Gaules par Jules-César, sur les côtes de l'Océan et de la Méditerranée, une sorte de propriété, les salines de mer, dont le capital s'élève à cent millions, dont la culture entretient dix mille familles, dont le commerce emploie un cabotage de cent mille tonneaux.

Et malgré que ces biens, qui tiennent à la fois à l'agriculture et à l'industrie, diffèrent de tous les autres biens, et se trouvent solidaires entre eux, l'idée n'est encore venue à personne de susciter, de favoriser l'association des propriétaires, pour veiller à l'intérêt commun.

Aussi leurs produits ont été taxés au vingtuple

du prix de fabrique, et sont chargés depuis vingt ans d'un impôt de cinquante millions, sans qu'une objection, une supplication se soit fait entendre en leur faveur.

Aussi, l'apparition soudaine de la mine de Vic n'a soufflé que des conceptions de lucre au profit du fisc, sans qu'elles aient été troublées par le moindre scrupule de commettre une injustice, de causer des infortunes.

A l'autre extrémité de la France, on voit une population de deux millions d'âmes, réunie au royaume depuis un ou deux siècles seulement, et soumise aux chances incertaines de la guerre, qui de tout temps n'a consommé que les sels provenant des sources salées.

Cette importante peuplade est fixée sur un territoire contigu et délimité; et comme les élections s'opèrent suivant la loi topographique, il existe des personnes investies du pouvoir par elle, et obligées envers elle par le devoir.

Mais si quelqu'uns de ses intérêts sont exposés et défendus, on est forcé de reconnaître qu'il n'en est pas de même à l'égard des intérêts de la consommation; intérêts infiniment petits, à les saisir sur l'instant, à les supputer en détail; intérêts infiniment grands, à les calculer en gros, en masse, à les additionner par année et par contrée.

Ainsi, pas une plainte ne s'est élevée au moment

où le maximum du prix des sels y fut porté de 12 à 15 fr. et à 18 francs, tandis qu'il était aussi facile de réduire le montant du bail des salines, et plus équitable de répartir la perte entre tous les contribuables du royaume.

Ainsi, pas une crainte n'a été manifestée lorsque la compagnie afficha son intention de fournir la consommation en sel gemme, tenant en mépris les habitudes et les goûts du peuple, et portant pour mémoire, les risques encourus par sa santé.

Il faudra qu'une voix isolée, inconnue, essaie à parler au nom de ceux dont la langue est paralysée, et tente de se faire écouter par ceux qui se bouchent les oreilles.

Or quant aux habitans de l'Est, il y a péril flagrant, il y a imminence de dommage; car c'est demain même que le sel gemme peut être autorisé sous le manteau de la loi, à envahir le monopole des marchés, à s'introduire de vive force dans la consommation.

Et quant aux propriétaires et cultivateurs des salines de mer, les dangers sont de nature vague et douteuse, sont ajournés du moins à une époque lointaine; attendu qu'il n'est donné qu'au temps, et non à la loi, d'altérer l'ancien état des choses.

Cet écrit est donc destiné à défendre, à l'égard des premiers, leurs intérêts présens et effectifs, auxquels le projet attente immédiatement, leurs droits échus et mis en souffrance ; à l'égard des autres, leurs intérêts éventuels et contingens, qui sont seulement menacés, leurs droits à terme, à échéance, dont le titre n'est pas moins sacré, envers qui l'État est de même obligé.

On partira de la supposition, que la mine serait concédée à des fermiers, établissant d'abord quelles devraient être les limites d'exploitation imposées par le bail ; et développant ensuite les causes, les motifs, qui en démontrent la nécessité.

Après avoir ainsi aplani et éclairé les voies, on se hasardera à présenter le mode que commandent les lois de justice et de sagesse, et auquel doit ramener l'impuissance des tentatives.

LIMITES DU BAIL.

L'État possédait des sources d'eau salée ; il rencontre une mine de sel gemme : voilà deux propriétés de même sorte. Qu'il établisse la balance respective des profits et pertes ; et qu'il jouisse du bénéfice, bien éloigné de saisir les instrumens de prospérité dont la providence le gratifie, pour en fabriquer des armes offensives, contre une portion de ses membres.

Or, pour mettre à l'abri de tous risques, les intérêts de la consommation et de la production, tels qu'ils sont constatés par le fait et consacrés par le temps, il est nécessaire, soit que l'État fasse exploiter concurremment les sels de la mine et les sels de source, soit qu'il abandonne les uns ou les autres, d'insérer dans le bail, les deux clauses qui suivent :

1°. Les fermiers ne pourront extraire au-delà de deux cent cinquante mille quintaux métriques, équivalent à la quantité annuellement fournie par les salines de l'Est.

2°. Les fermiers ne pourront livrer à la consommation, que des sels raffinés à gros grains par une évaporation de 72 à 96 heures, et épurés à 98 centièmes de muriate de soude.

Quant à la fixation du nombre de quintaux, l'État ne ferait qu'un bien léger sacrifice. Le prix capital du bail doit être de deux millions et demi; et de plus, suivant la chaleur des enchères, l'État aura droit au tiers, au quart, au cinquième du bénéfice net : s'il a droit au quart, et si le bénéfice monte à quatre francs par quintal, un excédant de trois cents mille quintaux ne lui donnera que trois cents mille francs de profit.

Or, ces trois cents mille quintaux, ainsi enlevés au débouché des salines de mer, représentent le cinquième de leurs ventes à l'intérieur; et comme depuis un temps immémorial, la récolte des sels est tellement appropriée aux besoins de la France, que les marchés n'ont jamais manqué de la denrée, et que tous les dix ans à peu près, la denrée est épuisée; par une conséquence évidente, les propriétaires se verraient forcés de jeter le cinquième de leurs sels à la mer, ou de se soumettre à une baisse de prix, qui serait au moins de moitié, en raison de la crainte de ne point trouver d'acheteurs pour les derniers sels à vendre.

Qu'on compare le gain et le dommage. Et qu'on observe que cette énorme dépréciation du prix d'origine, ne causera aucun accroissement, ne portera aucun avantage à la consommation, attendu que le prix du débit ne sera réduit que d'un cinquantième. Qu'on se rappelle surtout, et non pas sans scrupule, que le dommage infligé aux propriétaires, en faveur d'un gain aussi modique, frappe sur ceux-là, qui déjà pressurés par le fisc, l'enrichissent, à leur détriment, d'une rentrée annuelle de cinquante millions.

Et même ce profit de trois cent mille francs, qui paraît être bien aux risques, puisqu'il ne doit se percevoir que sur le bénéfice net des fermiers, dont le compte de clerc à maître sera si difficile à régler, pourrait se retrouver d'une manière plus simple et plus sûre dans la partie fixe du prix du bail, en permettant de livrer à la vente, trente ou quarante mille quintaux, en sus des deux cent cinquante mille, produits par les sources salées.

Il s'élèverait ici la question de savoir si les ventes à l'intérieur devraient dépasser le nombre limité de quintaux, à l'effet d'alimenter les fabriques de produits chimiques qui ne seraient point soumises à l'impôt : les salines du sud sont les plus intéressées à sa solution ; mais si leurs sels s'écoulent abondamment pour cet emploi, il y a lieu de croire que cet emploi préfère infiniment leurs sels, qui sont en effet dépouillés de toute substance étrangère et cristallisés au plus haut degré de salure. D'ailleurs il n'est pas permis de mépriser l'intérêt des fabriques chimiques, établies en concurrence des produits exotiques, dans les contrées voisines de la mine; on estime donc que toute latitude doit être laissée à cet égard, en prescrivant seulement que la livraison s'effectuerait en blocs et non en sels pulvérisés ou raffinés.

Il en est autrement quant aux besoins de l'agriculteur qui, écrasé par l'exorbitance de l'impôt, épargne et lésine sur le sel, pour les objets de sa subsistance, et ne sera pas tenté, dans les prix actuels, d'en distribuer à ses bestiaux : si même, il était exempté du paiement de la taxe, à raison de cet emploi, on le verrait frauder l'intention de la loi, et appliquer à sa consommation personnelle, les sels qui lui seraient délivrés quittes de tous droits. Et par le fait, cette destination des sels de la mine est impraticable, de la manière qu'on l'entend, en plaçant dans les étables, de gros blocs, que les bestiaux viendraient lécher à leur volonté; car ces blocs sont déliquescents, quoi qu'il en ait été dit; et dans des lieux semblables, ils seraient attaqués et rongés par l'humidité, plus vite que par la langue des animaux.

La seconde clause du bail obligerait les fermiers à ne livrer que des sels raffinés à gros grains et épurés à 98 parties de muriate de soude.

C'est la Notice même sur la mine de Vic, qui

fournit des motifs puissants, pour réclamer le raffinage à gros grains.

« Le sel fabriqué dans les salines, n'a pas toujours été inoffensif : des eaux saturées dans des argiles salifères, chargées surtout de magnésie, exigent de grandes précautions. La moindre négligence vicie le sel ou le rend du moins excessivement amer..... En 1760, le sel des salines de Lorraine était devenu si insalubre, que son usage causa des maladies... Le sel à gros grains est supérieur au sel à petits cristaux : on s'est plaint de cette différence de qualité..... Le sel à gros grains est réservé pour les exportations; l'autre est livré à la consommation intérieure et se vend plus cher: il reste souillé de toutes les matières étrangères, que les eaux entraînent et dont quelques-unes le rendent nuisible à la santé. » (Pag. 48 et 49.)

Or, les eaux où sera dissous le sel gemme, étant chargées des mêmes substances impures, que les eaux souterraines qui en ont traversé les couches, les mêmes prescriptions doivent être imposées aux cuites du sel gemme qu'à celles des sels de source.

En outre, l'analise des sels de Vic prouvera, que le résidu commun de quatorze échantillons, pris dans toutes les nuances de gris et demi-gris, donne vingt pour cent de sulfate de chaux, lequel sulfate qui est de nature purgative, ne pourrait s'éliminer par une ébullition trop vive(1).

A l'égard de l'obligation générale, de ne livrer que des sels raffinés, elle est recommandée par les habitudes et les droits acquis, de la population qui est approvisionnée par les salines de l'Est. Bien que les habitans de cette zône soient libres en apparence, de se fournir en sel de mer, le prix énorme du transport y oppose un obstacle invincible; et leur désir de consommer des sels raffinés ne pourrait s'accomplir que par les voies de la contrebande.

Ainsi, il n'y a pas de choix, point d'option, point de concurrence, relativement à eux; il y a monopole, non par l'effet de la loi, mais par la force des choses; et ce monopole conféré à des traitans avides, deviendrait aussi odieux que celui de la gabelle, qui du moins vendait des sels appropriés à leurs goûts.

On ne peut mettre en doute que les fermiers auraient un immense bénéfice, par l'épargne du raffinage, par l'économie du transport et la réduction du déchet, à ne livrer dans cette vaste contrée, peuplée de deux millions d'hommes, que des sels bruts, soit en blocs, soit en poussière : ce dernier parti qu'ils prendraient de préférence, leur offrirait le moyen aussi lucratif pour

(1) Voyez ci-dessous l'examen du Rapport, p. 92.

eux, que funeste pour les consommateurs, de débiter les sels de la qualité la plus inférieure, dont la pulvérisation voile l'impureté naturelle, surtout en les alliant avec d'autres sels d'une nuance blanche.

Voyez seulement s'il vous plaît d'ériger une sorte de banalité, plus dure qu'il n'y en eût jamais, et d'inféoder les sujets du roi, à titre de vassaux, de serfs, à la bande impitoyable.

NATURE DU SEL GEMME.

JETÉ sur la terre, à travers tant de besoins et tant de périls, quelle sera la règle de cet être aussi vaniteux que débile, de l'homme? Non pas la soi-disante raison, non pas les idées vagues; l'expérience plutôt, les faits réels et certains.

Or, l'Europe ne nous offre qu'un seul pays, l'Espagne, qui réunisse à ses salines de mer, une mine de sel gemme : et d'après la Notice sur la mine de Vic (page 7), d'après des données encore plus précises, l'exploitation de la mine est tout-à-fait insignifiante.

Sur les rives de la Baltique, il n'y a pas encore cinquante ans, nos sels de mer s'exportaient en abondance, en dépit des mines de Pologne : il a fallu pour nous en fermer les ports, des traités de commerce favorables à l'Angleterre; et depuis qu'ils se fournissent dans ce pays, on voit dans la *Richesse Minérale*, tome Ier, qu'il y arrive de Liverpool, vingt mille lasts de sel raffiné, et seulement trois mille lasts de sel gemme, lesquels y sont raffinés sans doute, ou employés aux fabriques.

En Angleterre, suivant la Notice même (page 15), la fabrication des sels raffinés monte à quinze cents mille quintaux, quantité suffisante pour la consommation de ce royaume; et l'exportation s'élève à huit cents mille quintaux en sels bruts, qui sont, comme on sait, raffinés en Hollande et en Belgique. Ce n'est pas sans quelque embarras, que la Notice cherche à insinuer, qu'une partie du sel gemme y est affectée aux salaisons.

En Autriche et en Bavière, les sels de mine ne sont extraits que par la voie de dissolution, ne se vendent que raffinés : dans les mines nouvellement découvertes sur le Rhin, le même procédé est exclusivement appliqué.

A l'égard des mines de Wiélisca, les expressions de la Notice (page 28), sont curieuses à transcrire. « Expédiés sans préparation quelconque, ces fragmens et ces blocs sont consommés sans raffinage, en Pologne, en Russie, en Prusse, en Autriche, etc. Chaque consommateur les égruge à son gré : leur usage, dans ces pays, n'a jamais excité de plaintes, ni causé de maladies. »

Les sels sont expédiés en blocs; cela ne peut être autrement, à cause des frais de transport; mais les auteurs de la Notice n'ont pas parcouru tous ces pays, pour s'assurer qu'ils étaient consommés sans raffinage. Les voyageurs rapportent le contraire : l'abondance du bois y rend l'opération du raffinage moins coûteuse que celles du triage et de l'égrugeage ; et il doit s'y trouver du profit, attendu que le sel gemme ne se fond qu'en partie dans la cuisson alimentaire.

Au reste, on s'étonnerait peu que le sel gemme ne déplût pas, ne nuisît pas aux grossiers habitans de ces contrées : mais est-ce leur exemple qu'il faut offrir, leur régime qu'il faut infliger aux peuples les plus civilisés, à des peuples trop délicats sans doute, trop enclins à la plainte, trop susceptibles de maladies ?

Voilà des faits, des effets; et voici la cause, le principe : « L'àcreté connue et l'impureté du sel gemme, le rendent désagréable au plus grand nombre des consommateurs, et impropre à plusieurs des emplois du sel blanc. » (*Richesse Minérale.*)

A cette autorité, la première de toutes dans la matière, on peut joindre en manière de commentaire, quelques phrases échappées aux auteurs de la Notice.

La mine de Durremberg donne une mauvaise qualité de sel (page 12)..... Les sels de Nortwich contiennent une si forte dose de magnésie, que plusieurs bills en défendent l'usage, sans un raffinage préalable (page 13)....... Le sel de Wiélisca varie du gris-clair, au vert, et au noir foncé: le même bloc offre diverses nuances; souvent le sel du plus beau gris renferme des parties terreuses, ou une substance noirâtre qui s'enflamme à l'air (page 23).

Quant à la mine de Vic, le rapport fait à l'Académie, reconnaît que les sels gris et demi-gris, qui en forment la presque totalité, contiennent de l'argile bitumineuse, dont l'odeur est désagréable, et des sulfates de chaux et de magnésie, qui retardent la cuisson des légumes (page 80). Malheureusement les commissaires n'ayant reçu que des échantillons de choix, et en petit nombre, ont jugé superflu d'en opérer l'analise exacte, et se bornent à certifier que le ménage d'un d'entre eux en a fait usage pendant dix jours, sans avoir éprouvé le moindre inconvénient (page 79).

Cependant on lit dans la Notice sur les sels extraits des sources salées, des passages frappans. « En 1760, le sel des salines de Lorraine étoit devenu si insalubre, que son usage causa des maladies: le peuple s'en plaignit. Et la Chambre des Comptes de Nancy fit jeter à la rivière, tous les sels non purifiés; et le Parlement de Besançon adressa des remontrances au Roi, sur leur qualité corrosive; et un membre de l'Académie envoyé par le gouvernement, reconnut la justice des plaintes (page 49).

De plus, en l'an V, le directeur des salines disait que la santé des hommes était exposée par les résultats de la fabrication ; enfin, le rapport des commissaires affirme qu'on n'a jamais porté de plaintes au sujet des sels de mer, et qu'il n'en a pas toujours été de même pour les sels fournis par les salines de l'Est (page 78).

Or, les sources salées qui se chargent en traversant les couches de la mine, ne peuvent contenir que les principes qu'elles y recueillent; et il faut que l'impureté, l'insalubrité de ces couches soient au plus haut degré, puisque des effets aussi funestes se manifestent après l'ébullition et la cristallisation.

Des vérités d'une telle évidence ont frappé les commissaires, au point de leur dicter pour conclusion : « Que la mine étant inépuisable, il serait sans inconvénient de n'en extraire que le sel pur (page 81).

C'est à quoi l'auteur des *Considérations sur la Mine* répond très-justement : « Les académiciens ne sont pas descendus dans le puits de Vic : ils ont cru sur la foi des auteurs de la découverte, que les quatre espèces de sels étaient séparées de telle sorte, que l'une pouvait être extraite, sans toucher aux trois autres; tandis qu'elles sont confondues dans la mine, et ne font qu'une masse (page 3).

Et il démontre ensuite que l'extraction, réduite au sel blanc, est une véritable folie (pag. 38).

Il résulte de ces deux ordres de faits, en premier lieu, que la préférence est accordée, en tous pays et à juste titre, aux sels de mer et de sources, sur les sels de mine; en second lieu que dans ces trois sortes de sels, ceux de mer sont les plus salubres, puis ceux de sources, enfin ceux de mine.

Et réellement, avant que l'expérience eût prononcé, le simple bon sens indiquait assez que les sels de mine, enlevés et entassés dans quelque affreux bouleversement du globe, devaient être alliés à des substances hétérogènes et impures; que les sources courant à travers leurs couches, ne pouvaient dissoudre tous les élémens grossiers qui s'y rencontrent, et allaient en déposer une partie au moins, dans l'opération de la cuite; enfin que les eaux de la mer, quelle que soit la cause qui détermine leur salure, seraient encore moins souillées de principes étrangers et se purifieraient mieux, dans le travail lent et paisible de l'évaporation au soleil.

Si la France, arrachée à ses habitudes et violée dans ses goûts, devait être condamnée à se servir des sels de mine, en place des sels de mer et de cuite, il faudrait reconnaître que la marche tant vantée de l'esprit humain, s'effectue dans un sens rétrograde, et que la perfectibilité indéfinie de l'espèce s'exerce non pas en ligne droite et ascendante, mais suivant les contours du cercle le plus étroit.

ÉTAT DES COUCHES DE VIC.

Il n'est nullement besoin d'étayer par des phrases une conclusion ainsi extraite des faits mêmes ; mais les fermiers, que nulle raison ne peut dissuader de leur intérêt, et le fisc même, aussi avide et plus aveugle qu'eux, insisteront peut-être sur le droit d'extraire et de livrer le sel blanc pur, en concurrence avec les sels raffinés, et en sus des deux cent cinquante mille quintaux fixés. On doit s'y opposer de toutes ses forces, sauf l'exception des sels en blocs, destinés aux fabriques.

Et d'abord il n'existe point dans la mine, à proprement parler, de variétés distinctes et caractérisées, comme les soi-disant inventeurs voudraient le faire accroire, en ne présentant que des échantillons tirés avec art. La mine est une masse informe, où l'essence saline est mêlée et confondue avec des matières hétérogènes, dans les proportions les plus inégales, si bien que deux morceaux quelconques, même brisés en fragmens, ne sont jamais identiques.

Un tableau, fourni par une personne bien mieux placée pour se procurer des documens certains, donne une idée juste et réelle des provenances de la mine, à l'époque du 1er novembre 1824. En voici la copie :

1°. Sel limpide	2/100
2°. Sel blanc ou rouge pur, sans autre mélange que la couleur, que la trituration fait disparaître en partie, ...	5/100
3°. Sel gris, blanc ou rouge mélangé, ou sel demi-gris, contenant des parties terreuses, mais qui peuvent être séparées par un triage mécanique, avant d'être pilé ou broyé . . .	18/100
4°. Sel gris noir, contenant 1/10 de terre argileuse, non compris les sulfates qui forment plus de 5 pour cent de la masse totale, et qui ne peuvent être séparées que par le raffinage	25/100
5°. Sels noirs et rouges, contenant beaucoup de parties terreuses, et surtout des sulfates de soude : cette qualité n'est propre qu'aux arts.	25/100
6°. Sels terreux noirs et rouges, ayant l'aspect et la dureté de la pierre. On destine ces sels, ou plutôt ces matières, aux remblais des galeries et excavations reconnues utiles.	25/100
Total.	100

On observe seulement que le sel limpide, ou blanc pur, ne peut se séparer sans un triage mécanique, et que les sels blancs-rouges, bien qu'ils soient aussi purs, répugnent à la consommation, par la couleur rougeâtre de leur poussière, plus encore que les sels demi-gris. Quant à ceux-ci, le triage et le broyage ne sauraient les purifier de toutes leurs parties terreuses, et moins encore des sulfates qui s'y rencontrent aussi.

Cependant ces sels demi-gris seront les plus faciles à introduire dans la circulation, en les mêlant avec du sel blanc pur, ou avec du beau sel de mer : et comme ils forment le cinquième de la masse salifère, comme ils se confondent avec les sels gris, par des nuances presque imperceptibles, la spéculation ne peut se fonder que sur leur emploi. Il était donc du plus grand intérêt d'opérer leur analise chimique, qui avait été omise par les commissaires.

Un chimiste distingué, et exercé à cette sorte de travail, a bien voulu l'exécuter sur quatorze échantillons, pris dans toutes les sortes de sels demi-gris et gris, dans une quantité de dix mille kilogrammes, déposés dans une manufacture de sel ammoniac, dont le propriétaire mérite autant de remercîmens pour son accueil aimable, que de complimens sur sa capacité et ses connaissances.

Cette analise, insérée à la fin de cet écrit, démontre que les quatorze morceaux ont donné, en résidu insoluble, vingt-cinq pour cent, un quart de la masse salifère; et qu'un cinquième de ce résidu se composait de sulfate de chaux, lequel forme ainsi le vingtième des échantillons bruts. En est-ce assez pour éclairer? Un quart de matières insolubles, un vingtième de substance insalubre, tel est le terme moyen des provenances de la mine.

Et notez que les élémens divers, mêlés ensemble dans les couches de la mine, y sont combinés de manière que des fragmens, dont l'aspect semblait attester la pureté, ont donné, par la lixivation, un résidu de dix à quinze pour cent.

Ainsi l'œil le plus exercé, que guiderait l'esprit le plus impartial, se verrait trompé à chaque instant par la forme et la couleur apparentes des sels, dont la dégradation successive devient presqu'insensible: ainsi toute vérification se trouverait impossible, et la faculté d'extraire du sel blanc pur, s'étendrait en peu de temps à toutes les autres sortes de sels.

Or, les fermiers, après avoir fraudé le gouvernement, auraient moins de peine encore à tromper ou à violenter la consommation. Les sels qui diffèrent le plus en blocs, étant broyés en poussière, et mélangés sous de certaines proportions, se confondront à l'œil, peut-être au goût; et, pour augmenter l'illusion, ils seront alliés avec des sels de mer, dont la nuance, tirant déjà sur le gris, doit contribuer à voiler leur impureté.

Les choses étant ainsi préparées, les fermiers tiendraient en magasin des sels pulvérisés et des sels raffinés; bientôt ces derniers viendraient à manquer au débit, de manière à forcer d'acheter et d'employer les autres. Ensuite leur qualité, altérée exprès par les vices de la cuite, ou par l'effet de quelque mixtion, deviendrait de plus en plus inférieure, afin de combattre et de vaincre la répugnance existante pour le sel gemme; tellement qu'en peu d'années, les sels les plus impurs, les plus insalubres, s'insinueraient dans la consommation des habitans de l'Est.

L'avidité des hommes, et surtout des compagnies, ne permet pas de douter que tous les moyens ne fussent pratiqués dans la vue d'une opération aussi lucrative, qui présente, en bénéfices clairs et nets, et l'économie du raffinage, et l'épargne des sacs pour le transport, et l'avantage d'un moindre déchet, et le profit de la vente dans les lieux où le sel se débite au poids.

RISQUES DE FRAUDE.

Il se pourrait fort bien, que l'intention de frauder une partie du droit assis sur les sels, vînt bientôt se joindre à des tentations aussi vives, si ce n'est pas déjà cette intention même, qui souffle le désir d'obtenir la faculté d'extraire et de livrer le sel blanc pur.

Le ministère a-t-il songé aux moyens puissans, aux efforts soutenus, dont dispose une compagnie qui a ses chefs à Paris, et des fonds à plaisir, pour gagner ou tromper les agens de la perception, lesquels éloignés du centre, sont moins soumis à la surveillance, et bornés à un petit nombre, sont moins retenus par leur contrôle mutuel? Et se peut-il qu'il n'ait pas eu connaissance, au moins par la voix publique, de l'insigne fraude qui s'est opérée pendant de longues années, dans plusieurs établissemens destinés à la fabrique de la soude, comme il est assez constaté par la scandaleuse fortune de leurs propriétaires, fortune envahie par les voies du dol, sur les rentrées légales du Trésor public, fortune escroquée à la modique bourse des producteurs soumis à la taxe.

Or, la fraude ne s'exécuterait pas sur une petite échelle : et après avoir réduit fortement les ressources du Trésor, elle ferait pis et mille fois pis : car les sels de la mine, ainsi libérés pour un dixième, pour un cinquième du montant de la taxe, parviendraient enfin à écraser, à anéantir la concurrence des sels de mer, sur lesquels le droit aurait été perçu dans toute sa rigueur.

L'impôt quelqu'exorbitant qu'il puisse être, ne nuit aux producteurs qu'autant qu'il entrave et diminue la consommation : ici, le marché serait avec le temps, fermé aux sels de mer, au moyen de la prime abandonnée aux sels de mine. Rien ne rappelleroit mieux les effets du systême à la Bonaparte, par lequel il confisquait aux uns, les marchandises étrangères, tandis qu'il allouait aux autres, des licences pour leur importation.

La fraude qui est impraticable de la part des propriétaires et marchands des sels de mer, devient facile à la compagnie. Elle possède des prétextes plausibles et des capitaux suffisans, pour acquitter au comptant le droit sur les enlèvemens, de sorte à éviter la vérification qui s'exerce dans les entrepôts : et n'étant point pressée de réaliser, n'étant point gênée par la rivalité du commerce, le prix vénal de ses sels, soutenu à peu près au même taux, que si le droit avait été payé, ne trahirait point les manœuvres employées, ni les succès obtenus.

Le premier obstacle qu'il faut opposer à de telles entreprises, consisterait à tenir sur la mine un grand nombre d'employés, à les isoler entr'eux, à les faire alterner dans leurs fonctions, surtout à les déplacer et les renouveler souvent, depuis le plus mince d'entr'eux jusqu'au directeur même. C'est ainsi que les dangers de la séduction seront au moins amortis.

Mais les employés peuvent être trompés aussi bien que gagnés : à cet égard il importerait d'établir avant l'enlèvement des sels, deux ou trois mesurages ou pesages, qui dussent se succéder et se contrôler réciproquement, sauf pour les sels en blocs expédiés en exemption de droits, à la destination des fabriques, où la vérification en serait faite.

Et cette opération deviendroit tout-à-fait illusoire pour les sels gris et demi-gris, enlevés en poussière, car après avoir été broyés, leur produit ne serait plus en rapport connu avec la matière en blocs, l'alliage des parties terreuses s'y trouvant dans des proportions très-différentes.

L'incertitude serait moindre sans doute, à l'égard du sel blanc pur, qui doit donner poids pour poids, après la pulvérisation; mais il est impossible de surveiller son extraction à part des autres espèces, et il y a moyen de s'assurer des termes de comparaison, encore plus exacts et plus certains.

Cette fin sera obtenue, en obligeant les fermiers au raffinage des sels. La douane acquerra ainsi trois termes, trois essais successifs, dont les deux derniers sont dans un rapport constant : La matière à la bouche du puits, les eaux de dissolution, les sels provenant de la cuite, étant pesés, mesurés et comparés, ne laisseront plus de dangers.

Telle est même la précision mathématique fournie par la comparaison des deux derniers termes, et attestée par l'application qui en est faite dans les salines de l'Est, qu'il y aurait autant et peut-être plus de sécurité, en se débarrassant du premier terme, plus propre à embrouiller qu'à diriger la perception.

On arrive ainsi à l'idée favorite, d'exploiter la mine, non pas au moyen des excavations et de l'entaillement, mais par le procédé de la dissolution souterraine, qui doit y être applicable, d'après l'exemple heureux de l'Autriche, de la Bavière, de Bade, Wurtemberg, etc.

Et pour lors, plus de dépenses hasardeuses qui écartent les gens honnêtes et sensés, plus de chances perfides qui séduisent et ruinent d'innocens actionnaires, plus de bénéfices honteux qui tentent la probité et dépravent des consciences peut-être encore pures.

DOMMAGE DES SALINES.

Faut-il donc que le fisc prenne et saisisse toujours, où il est plus facile, plus commode, et jamais où il serait moins nuisible, moins injuste !

Les salines de mer, après en avoir été libérées pendant quinze ans, ont à subir maintenant la charge d'un impôt équivalant à vingt fois la valeur vénale, aux lieux de production. Cette disproportion seule atteste qu'elles ne sont point forcées d'en faire l'avance ; et quand il en serait ainsi, le propriétaire n'y perdrait pas davantage, devant être remboursé lors de la vente. Mais c'est la vente même qu'il perd dans l'état actuel des choses ; c'est le marché accoutumé qui se resserre et rejette une forte part de sa denrée, attendu que la consommation est sensiblement diminuée, par l'effet d'une telle exagération, dans le prix marchand, aux lieux de consommation.

On ne met plus de sel dans les engrais ; on n'en donne plus aux bestiaux ; et même dans les provinces éloignées, le paysan s'en prive ou du moins l'épargne dans son pain et sa bouillie, dans son beurre et ses viandes. La réduction, ainsi opérée, doit être environ d'un tiers, ou de dix-huit à douze livres par tête.

Vous voyez quelle énorme perte en résulte pour le producteur, et dans la quantité de sel qui devrait s'écouler et dans le taux du prix qui devrait s'obtenir.

Et notez que dans les récoltes surabondantes, le prix marchand restant fixe à une faible fraction près, la consommation ne peut s'augmenter, de manière à compenser la vilité du prix d'origine, par un excédant de ventes; notez que le commerce épouvanté de l'exorbitance de l'impôt et de la rigidité de la douane, n'ose entreprendre des spéculations qui relèveraient la valeur locale; notez que le propriétaire, obéré par tant de causes de ruine, n'est plus en état, au moment où la denrée devient rare, de soutenir le prix en juste proportion.

Surtout n'allez pas vous dissimuler que le sol des salines, très-différent du sol des champs, qui porte aussi volontiers des blés, des vignes, des pâturages, est impropre à des productions d'autre sorte; et que, pour le propriétaire comme pour le cultivateur, il leur faut vivre ou mourir dessus leurs monceaux de sels.

Toute la perte est pour eux; tout le bénéfice est pour le fisc ou plutôt pour les contribuables.

Est-ce juste? Est-ce loyal? Vous rencontrez une denrée, lourde de masse et vile de prix, immense, indispensable : vous la saisissez, vous la chargez d'une énorme taxe. Et par qui cette taxe doit-elle être acquittée? Par les consommateurs, sans doute. En effet, ils en subissent la plus forte part; ils remboursent la totalité du droit assis à l'enlèvement.

Mais le taux exagéré de ce droit a réduit la quantité de l'enlèvement aux deux tiers de son montant naturel : le détriment est considérable et passe au compte des producteurs. Devaient-ils donc payer? Vouliez-vous qu'ils payassent? Non, dites-vous. Eh bien, vous leur devez une indemnité, de même qu'à celui dont vous prenez quelque part du champ pour tracer un canal, et plus encore qu'à lui : car ce canal qui coupe et retranche un morceau de terre, doit accroître la quantité et la valeur des produits sur la portion restante.

Or, quand l'Etat rembourse le prix du morceau de terre, ce n'est pas le sol proprement dit qu'il entend payer. Le sol n'est rien par lui-même; il n'y a de réel que la récolte dont il doit se couvrir. Si l'Etat enlevait annuellement la récolte, ou s'il en empêchait l'enlèvement, ou s'il en prohibait la vente, il serait également obligé de rembourser le prix du fonds, lequel ne porterait plus de revenu.

Voilà dans toute la vérité, ce qui s'effectue à l'égard des salines de mer, par l'effet de l'impôt. La consommation étant diminuée d'un tiers, le prix moyen de la denrée s'avilit en proportion : et si les meilleures salines peuvent encore se soutenir, déjà les plus mauvaises et bientôt les médiocres, dont les frais dépassent le profit, ont été ou seront abandonnées et abolies.

L'Etat pouvait tout aussi bien trancher dans le sol, l'enlever en nature et le transporter en tout autre lieu. Pour le propriétaire, c'était chose semblable.

Ainsi l'injustice est frappante, flagrante; et, au lieu d'en balancer, d'en atténuer les désastreux résultats, il n'est question que de les aggraver par une mesure nouvelle. On ne dit plus, comme Mazarin : ils chantent, ils paieront; on dit : ils ont payé et n'ont pas crié; qu'ils paient encore plus, ils ne crieront pas davantage.

ERREURS DU POUVOIR.

On doit tout dire, et il n'étonnera pas qu'en ces temps où toute puissance fut donnée au sophisme, la timide vérité vienne à percer sous le voile du paradoxe.

La loi existante et la loi projetée, en tant qu'elles opèrent au détriment des propriétaires de salines, sont empreintes du même caractère ; et ce caractère n'est point celui d'une contribution réelle.

Le mot de contribution donne lui-même sa définition : il exprime le tribut que portent ensemble, en commun, les sujets de l'Etat au trésor public, par un prélèvement proportionnel sur leurs revenus respectifs : que le tribut soit levé en vertu d'un édit, ou imposé en manière de loi ; ce sont les formes seulement qui varient, sans que le fonds soit altéré en rien; et ces conditions constituent de même son essence.

Là où elles manquent, il n'y a plus de contribution. Et qu'y a-t-il donc ? Confiscation, c'est-à-dire saisie exercée au profit du fisc, d'une portion du fonds ou du revenu de telle personne, de telle classe, au-delà de leur quotité relative.

La confiscation est immédiate quand elle enlève le fonds auquel est attaché le revenu; indirecte, quand elle détruit le revenu sans lequel le fonds reste mort. Après quelques retards, quelques détours, il s'ensuit de même par l'un et l'autre mode, soustraction dans la bourse de l'individu et addition aux caisses du trésor, violation des droits et usurpation du pouvoir.

Ainsi donc, vous conservez la taxe sur les sels; et, comme tous les consommateurs y sont soumis, c'est une contribution à leur égard; mais, quant aux producteurs, son effet est de réduire le débit, de baisser les prix, de retrancher une portion du revenu, de rendre le sol stérile et le travail oiseux. Il y a confiscation.

Vous affermez pour des millions, les salines de l'Est, au moyen d'un maximum élevé au double du coût de fabrique : chaque habitant de cette contrée paie les sels au-dessus du prix légitime, du prix moyen de la France; sa dépense est augmentée sous ce rapport; autrement, son revenu, applicable à d'autres emplois, est diminué. Il y a confiscation.

Vous concédez à des traitans la mine de sel gemme, espérant et vous efforçant d'étendre son exploitation au-delà de celle des sources salées.

Ne pourrez-vous y parvenir, c'est peine perdue; devez-vous réussir, c'est perte infligée.

Le prix reste le même; la consommation reste la même : et les ventes excédantes de la mine sont à déduire des ventes habituelles des salines de mer. Le résultat est analogue à celui de la taxe. Une part des sels est invendue; le taux du prix est avili; les frais dépassent le produit; le fonds rentre en friche et n'a plus de valeur. Il y a confiscation.

Si l'intérêt public n'y gagne rien, arrêtez-vous; s'il en profite, indemnisez-nous. Il viendra en moins gagnant, nous en moins perdant. Quoi de plus juste?

Or, toutes ces erreurs proviennent de la confusion, de l'assimilation qui se fait entre l'Etat et le fisc. Il faudrait d'abord rayer ce dernier mot du vocabulaire politique, comme ne portant point de sens sous un roi paternel. Nous ne connaissons plus que l'Etat. Et qu'est-ce que l'Etat? Un être collectif qui représente et rallie tous les membres de la société.

L'Etat est propriétaire de la mine, et ses devoirs d'autant plus stricts que son pouvoir est plus large, lui défendent de lutter, de rivaliser avec un ou plusieurs de ses sujets : l'Etat, dans le sens moral, n'est déterminé, n'est autorisé à agir que dans des vues d'utilité publique, lesquelles ne doivent pas s'accomplir aux dépens de ceux-ci plutôt que de ceux-là.

Si le gouvernement s'imagine que la France sera approvisionnée en sels, et plus sainement et plus économiquement par la mine que par les salines, il est libre sans doute de suivre son système; mais seulement après avoir préalablement remboursé aux propriétaires, la valeur de leur fonds et procuré aux cultivateurs, l'emploi de leurs forces.

C'est la loi qui a dit à ces capitaux, qui a dit à ces bras : mettez-vous à l'œuvre et soyez en paix; c'est le temps qui les a fixés les uns et les autres, qui les a cloués et rivés à cette nature anomale de propriété. Et, malgré que les titres les plus sacrés soient comme tombés en désuétude pendant la tourmente révolutionnaire, encore est-il moyen de retrouver dans tous les livres et peut-être en quelques mémoires, que la possession loyale et légitime est inviolable.

« Mais, diront les faiseurs, de quoi vous plaignez-vous? on n'enlève pas votre fonds, on n'enchaîne pas vos bras; remuez-vous donc, évertuez-vous de sorte à fournir vos produits à plus bas prix que ceux de la mine, et vous n'aurez rien perdu. »

Eh bien, que l'Etat s'empare du monopole. Le monopole est nécessaire pour le transport des lettres; il est convenable à l'égard des tabacs : il serait licite sous le rapport des sels, en payant les récoltes à juste prix ou en indemnisant pour les pertes. La gabelle opérait dans le premier sens : qu'elle soit tenue seulement d'acheter la totalité de nos produits, et c'est la gabelle que nous réclamons.

Or, l'Etat s'y refuse; il préfère la concurrence qui, sous l'apparence équivoque de la liberté, rallie et cumule la dérision avec la spoliation. Il entend affermer la mine au plus offrant, sans qu'aucune limite, sans qu'aucune règle soit imposée à son exploitation.

Et comme le fermier n'est que le gérant de son bien, que le débitant de sa denrée, voilà qu'il devient producteur, qu'il devient fournisseur; et bientôt seul producteur, fournisseur général, du moins au dire de certaines imaginations, à qui les sels de la mine semblent prédestinés à remplir tous les besoins de la consommation.

C'est un pas de géant; l'Etat ne s'arrêtera pas en si beau chemin : le pacha d'Egypte est là pour lui montrer la direction, pour l'enflammer d'une noble émulation. N'y a-t-il pas des vins en Espagne, des huiles en Italie? Qu'on les achète sur les lieux et qu'on les revende en France. La Crimée ne porte-t-elle pas des blés supérieurs de qualité et modiques de prix : une mine d'or serait moins précieuse. Quel dommage que nos ministres aient été jusqu'à présent dépourvus de jugement et de droiture ! La France n'aura jamais de disette; on va les accaparer : les bourses ni les bouches ne manqueront à leur débit.

BALANCE DES DROITS.

On ne le nie pas, ou plutôt on le déclare hautement. Comme la fin de l'homme est de vivre, de subsister; et comme sa vie, sa subsistance, ne s'entretiennent que par les voies de la consommation, l'intérêt des consommateurs doit prévaloir et dominer sur l'intérêt des producteurs : ces derniers sont marqués pour la peine, sont appelés aux risques, dont la compensation équitable se rencontre dans les bénéfices matériels et moraux qui émanent du travail.

Que l'art sans cesse inventant, sans cesse opérant, simplifie et accélère les procédés de la main-d'œuvre, il n'y a rien de mieux tant que des emplois nouveaux s'offrent aux forces oisives, tant que les marchés actuels ne se ferment pas aux produits multipliés. L'Angleterre en est là, gardant encore l'aplomb, dans un équilibre aussi aventureux. Attendons, elle se rit de nous, et le temps se rit d'elle.

Mais voudrait-elle, pourrait-elle enrayer ?

non. Le char de la civilisation ne s'arrête point; et fourni d'instant à autre, de relais d'autant plus impatiens, il se précipite, renversant, brisant les existences qui se rencontrent sur son passage, courbant également, sous le niveau de la ruine, l'audace intempestive, l'indolence récalcitrante, et délaissant soudain, rejetant en arrière les générations régnantes, dont le cri de douleur émeut à peine la pitié fatiguée.

Le char formidable n'a-t-il à parcourir qu'une carrière aplanie par la paix, vous verrez les peuplades enivrées applaudir à sa marche triomphale. Et peut-être verrez-vous certains personnages, montés sur le siége, et tenant le bout des rênes, prétendre s'en rapporter toute la gloire; peut-être les verrez-vous, exciter par le claquement du fouet, l'ardeur des coursiers déjà trop fougueux; insensés, à qui la leçon des siècles n'a pas appris encore que les routes fraîchement ouvertes ne se raffermissent que sous le poids du temps, et qu'une nuée amoncelée au loin, fondant à l'improviste, va les rompre, les défoncer, et forcer à la retraite, de plus en plus devenue périlleuse.

Que la production soit sacrifiée, c'est chose de justice, de cette justice de nécessité, sous laquelle l'homme est tenu de ployer la tête, plus impuissant encore en ses vœux généreux, qu'en ses ignobles désirs. Mais, si ses laborieux agens, victimes dévouées à l'avance, doivent être immolés, ce sera sans doute aux autels du bien public, ce sera sous les coups de l'industrie rivale.

Supposons qu'au lieu de découvrir une mine de sel qui appartient à l'Etat, il eût été pratiqué de vastes salines sur les plages de la mer, ces salines apparaîtraient investies et du droit de propriété, et du droit d'industrie, en sorte que la loi n'aurait pas même à s'en occuper, si ce n'était pour s'assurer de la qualité sanitaire des produits, si ce n'était peut-être encore, pour accorder aux possesseurs des salines anciennes, quelque indemnité, comme il en est accordé à de vieux et fidèles serviteurs, lorsqu'un maître équitable les congédie, usés par l'âge et épuisés de fatigues, sans qu'ils aient pu amasser des épargnes sur leurs modiques gages.

Mais ici, l'Etat ne se borne pas à laisser faire, à laisser passer. La mine est à lui, et rien ne se fera, s'il n'agit; rien n'arrivera, dont il ne réponde. L'Etat, être abstrait, n'a point de droits, n'a point d'intérêts; et qu'a-t-il donc? des devoirs; des devoirs envers la production, des devoirs envers la consommation.

L'Etat est comme érigé, pour tenir la balance entre leurs intérêts respectifs : donc il ne doit pas faire subir des pertes à l'une, sans que ce soit pour le bénéfice de l'autre : donc l'exploitation de la mine de sel gemme ne devient légitime, que si la consommation n'est pas satisfaite amplement dans ses besoins, ou si elle peut être approvisionnée à des prix inférieurs, dans des qualités préférables.

Or, de tous temps, la France telle qu'elle était, s'est suffi à elle-même, à l'égard des sels. Leur valeur avilie au-dessous des frais d'établissement, empêche seule l'accroissement indéfini des salines de l'Ouest; et si des disettes, jusqu'à présent inouïes, devaient s'y succéder coup sur coup, les salines du Midi gardent de force un trésor immense, ouvrent une autre mine vraiment inépuisable.

Quant au prix vénal, il se compose de trois élémens, dont deux sont fixes et semblables pour le sel gemme et le sel de mer : il y a l'impôt qui s'élève à 30 fr. par quintal métrique; il y a le transport qui revient à Paris, en partant de nos côtes ou de la mine, à environ 5 fr. On ne parle pas du déchet, attendu qu'il est couvert, au moyen des 5 pour 100 alloués par la Douane.

Et quel est le troisième élément du prix vénal? Une portion minime, une faible fraction, presque rien pour les producteurs, rien du tout pour les consommateurs. Ce ne peut être que la valeur d'origine, le prix de fabrique; et dans les salines de la Méditerranée, ce prix est de 5 sous à 20 sous le quintal métrique, n'ayant atteint que bien rarement cette dernière limite ; dans les salines de l'Océan, il est de 15 sous à 3 fr., restant d'ordinaire pendant des années de suite, devers 20 sous, et ne s'élevant au-dessus de 40 sous, que pour un temps passager.

En ne s'occupant que de ces dernières salines, dont la sphère est beaucoup plus étendue, et en calculant le prix moyen, depuis l'établissement de l'impôt, il serait au plus de 30 sous.

Supposez le prix moyen à Paris, de 36 fr. 50 centimes, le droit y entre pour 30 fr.; le transport pour 5 fr.; et le prix de fabrique pour 1 fr. 50 centimes, pour la vingt-cinquième partie seulement du prix moyen de consommation.

Cent cinquante centimes pour deux cents livres de sel, trois quarts de centime par livre, tel est le produit brut que palpe le propriétaire, et dont s'extrait la rente du fonds, après la défalcation des frais. Prétendez-vous réduire ce produit à moitié, et baisser le quintal métrique à soixante-quinze centimes, le consommateur n'aura qu'un cinquantième de bénéfice, dont il ne lui sera pas même tenu compte dans le détail, où le prix reste fixe ; tandis que le producteur, obligé de payer les mêmes frais qu'à cette heure, sera justement en perte de la totalité de sa rente.

Et de là, il surviendrait quelque jour un certain inconvénient qui n'a pas frappé, ce semble, l'imagination des hommes d'Etat. C'est que les salines de mer seraient abandonnées les unes après les autres; c'est que la fameuse mine serait forcée à fournir par an, et à toujours, plus de deux millions de quintaux métriques, soit que ses couches se détériorent, soit que les eaux l'inondent, ou que les combustibles lui manquent, soit enfin, et combien de chances amènent les siècles! que son territoire soit envahi, ou même conquis par l'ennemi.

Le problême avance vers sa solution. L'inconnue relative aux profits de la consommation, vient d'en être extraite: c'était zéro. Mais n'y en aurait-il pas une autre? Et le fisc, par le lucre alléché, ne cacherait-il pas ses illicites convoitises sous le voile le plus légitime? Faisons-lui de l'arithmétique : Barême parle plus haut que Fénélon à son ouïe endurcie.

Le prix vénal ne peut se réduire que d'un cinquantième; une telle qualité est inappréciable; la consommation n'augmente pas même dans cette proportion; d'où il n'y a pas une obole à gaguer, sur les rentrées de l'impôt.

Le fisc battu de ce côté, entend-il faire retraite sur le bénéfice de la redevancc imposée à la mine? Mais s'il contracte un bail, il en a résilié un autre : il n'y aura pas un demi-million entre l'un et l'autre. Que serait-ce donc ? Peut-être le centième du produit total de la taxe. Vit-on jamais un calcul aussi misérable ?

MAINTIEN DU TRAVAIL.

Ce fut un grand bienfait de la Providence, quand la manne vint à tomber dans le camp des Hébreux affamés : la mémoire en a traversé des milliers de siècles, et les actions de grâces ne sont pas encore taries. Mais si la nature avait offert sans plus de frais, un aliment convenable, la manne n'était plus qu'un mets différent; et si le travail avait dû procurer, avec des peines modérées, une subsistance certaine, la manne était un poison.

Aurait-on découvert une mine de pain, une source de vin, il n'est pas un Gouvernement qui, épouvanté de ces faveurs onéreuses, ne s'empressât de les clore et sceller à jamais, quand ce devrait être avec des dépenses énormes, et malgré des résistances opiniâtres.

La pomme de terre fut pour l'Irlande, comme une mine de pain. Elle fournit une nourriture surabondante, en proportion du modique travail qui s'y applique; et la population enfantée et entretenue par ses produits, croissant plus vite que les nouveaux emplois du travail, ne jette qu'un excédant oiseux, qu'une sorte de superfétation, qu'une peuplade de mendiants et de bandits.

Un effet analogue se représente dans tous les pays méridionaux, dont la fertilité native n'est point compensée par l'active industrie.

L'Espagne apporte aussi sa leçon. La pluie d'or qu'amènent les vents d'Amérique, au lieu de fertiliser son sol, le dessèche et l'appauvrit; d'autant que les mines lui fournissent gratuitement des moyens d'échange, d'autant le travail est dispensé et même empêché de produire une somme semblable de valeurs; et ce déficit de travail entraîne l'extinction d'une portion analogue de travailleurs; détermine l'avortement d'une quantité corrélative de produits consommables.

Eh bien! voulez-vous détruire, abolir, tuer le travail, dans les dix mille familles de cultivateurs, voués depuis tant de siècles à la fabrication des sels de mer, dans les quinze cents matelots, formés et soudoyés annuellement, par le commerce de cette denrée; et du même coup, d'un seul trait de plume, anéantir leurs moyens actuels d'existence, les emplois que commandent leurs besoins, les épargnes qu'amasse leur économie, les impôts enfin, qui proviennent de ces sources diverses?

C'est là où conduiraient les nouveaux projets: et si le but chimérique fuit devant vos efforts redoublés, échappe à votre espérance infatigable, serez-vous donc absous, parce qu'un désastre accompli n'aurait pas couronné tant de zèle?

Or, irez-vous dire à ces matelots admis à la retraite avant le temps, de courir d'un pôle à l'autre, cherchant des mers nouvelles à sillonner, afin d'acquérir de l'expérience et de se tenir en haleine, pour le moment où la marine militaire aurait besoin de leurs services? Non, vous ne le direz pas; car à en juger par la dépense énorme appliquée au soutien des Colonies, vous tenez à ne pas perdre un seul de vos gens de mer; et le démon d'orgueil, toujours disposé à s'irriter, à s'insurger contre les obstacles, d'autant qu'ils sont impossibles à surmonter, porte à la marine et au commerce de long cours, autant et plus de prix qu'à l'armée, qu'aux biens de la terre, que propage sans efforts le sol le mieux approprié.

Mais il y aura moins d'effroi, moins d'égards, quant aux cultivateurs : on vous entend déjà. « Partez, allez, quittez ces antiques foyers, abandonnez le sillon paternel ; et traînant après vous ou laissant en arrière vos familles nombreuses; seulement n'oubliez pas d'emporter vos robustes bras. Allez, tout vous convie; vous entrez dans la terre promise : ces terres en friche attendaient depuis des siècles, prédestinées à ne répondre qu'à vos vœux; ces nouveaux ateliers de l'industrie qui vont s'élever sans doute, appellent d'avance vos enfants : là, 10 sous de salaire vous sont assurés, hormis dans la mauvaise saison; ici, 15 sous leur seront alloués, sauf que la manufacture ne tombe. »

Voilà bien ce qu'on pense, si cela ne se dit pas; ou voilà ce qui se fait, si on ne pense pas.

Le travail manque de champ pour s'étendre et se développer; et la lice trop étroite se refusant à leur lutte régulière, ses athlètes s'étouffent plutôt les uns et les autres. Les bras se multiplient et les boucles se rétrécissent; le prix avili des produits agricoles et industriels ne couvrant plus les frais, les fabriques, les fermes, tout va dépérir.

Dans cet état de choses, abolissez tel emploi que ce soit, il en résultera un double dommage, un dommage progressif, des forces sans exercice et des besoins sans ressource, plus de demande au marché du travail et moins de commande au mauché du débit.

Mais s'il en était autrement, si la main-d'œuvre et l'œuvre même gardaient leur valeur légitime, à quel titre, sous quel prétexte, viendriez-vous infliger des prohibitions presqu'absolues à divers objets, que l'intérieur ne fournit qu'à des prix exorbitans; aux fers surtout, à ce précieux minéral, élément le plus actif de la civilisation, qui devrait être tenu pour matière première dans l'état de matière ouvrée au plus haut degré, se montrant sous cette forme même, l'agent nécessaire de mille et mille productions de toute sorte.

Faudrait-il vous l'apprendre? Nulle prohibition n'est licite, qu'à l'effet de protéger le travail; ou en d'autres termes, la perte qui en résulte pour la consommation, doit être compensée par les profits qu'en retire la production.

Depuis les épingles jusqu'aux dentelles, s'il advenait que certains articles maintenant façonnés par l'industrie, fussent répandus à la surface de la terre, sans donner d'autre soin que celui de les recueillir, l'État n'aurait alors ni droit, ni intérêt à défendre leur importation, attendu qu'étant au-dedans comme au-dehors, confectionnés des mains de la nature, ils ne devaient exercer aucunes forces, entretenir aucunes existences, engendrer aucuns emplois, aucunes épargnes.

Or, la mine de sel gemme, ne requérant, ne comportant qu'une infiniment petite quantité de travail, est tout-à-fait assimilée aux fabriques étrangères. Si leurs produits doivent être prohibés, que la mine soit comblée; s'ils sont frappés d'une taxe, que la mine subisse aussi sa charge. Le travail n'est point érigé par elle, et serait aboli par elle : sa condamnation est prononcée, au même titre que celle des fabriques étrangères.

Et qu'il soit noté de plus que l'excommunication des produits exotiques porte toujours quelque détriment à la consommation, tandis qu'au contraire l'interdiction de la mine ne la dessert point, quant au bas prix, et la sert quant à la bonne qualité.

Au reste, la mine eût-elle été enfoncée de trois mille pieds sous terre, vous vous en seriez passés; eût-elle été rejetée, de quelques lieues en arrière, hors du royaume, vous l'auriez rebutée. Pourquoi donc la rebuter? Ouvrez vos frontières plutôt, appelez ses produits dans votre sein : il ne sera pas anéanti plus de travail; il n'avortera jamais plus de moyens d'existence et de richesse.

Faites mieux encore : les sels de Liverpool sont excellents et modérés de prix : leur importation n'agira pas autrement que l'introduction des sels de la mine : dans ces diverses chances, l'enjeu est toujours le même, toujours la ruine du travail.

Que ne les admettez-vous! Du moins vos matelots ne seront pas jetés à terre, vos navires ne seront pas mis au feu; et voyez les rapports s'augmenter entre les deux nations, un traité de commerce se transiger peut-être, et peut-être la guerre, toujours imminente, s'ajourner ou s'adoucir.

La mine vous coûte autant; vous vaudra-t-elle de même?

GABELLE DE L'EST.

La question principale a mis au jour, et frappé de lumière, deux points de vue jusqu'alors enfouis sous les ténèbres de la routine : l'un relatif aux pertes qu'éprouvent les salines de mer, par l'influence de la taxe, dont il a été parlé ; l'autre concernant les habitans de l'Est, qui n'a dû être développé qu'à la fin de cet écrit, comme étant de nature à amener, à appuyer sa conclusion finale.

C'est bien assez, et trop sans doute, pour le faible esprit de l'homme, de diriger et soutenir sa marche dans les routes nouvelles, que le temps ouvre devant ses pas, sans que sa pensée soit tentée de rétrograder, d'explorer les sentiers déjà parcourus, de s'enquérir s'il ne s'est pas écarté de la droite ligne. Il arrive de là, souvent avec raison et souvent sans raison, que les habitudes se transforment en lois, que le fait se métamorphose en droit : le principe vient à dériver des erremens, au lieu qu'ils devoient émaner de lui ; et l'impassible prescription, puissance occulte et incessante, oblitérant la mémoire, paralysant le jugement, applique enfin le sceau de la légalité, au cours illégitime des circonstances.

La gabelle, le monopole du débit des sels au-dessus de leur valeur réelle, pour le bénéfice du fisc, la gabelle existe encore dans les provinces de l'Est du royaume; inaperçue, elle a traversé le torrent de la révolution, et se voit accueillie au port de la légitimité!

Ceux qui la subissent, façonnés dès long-temps au joug, ne se plaignent pas, ne le sentent même pas, bien que l'élan, le ressort de leurs forces natives en soit plus ou moins altéré, plus ou moins abattu. Qui se plaint? c'est la justice, offensée en son principe: qui se plaint? c'est la sagesse, effrayée des conséquences.

Les salines de mer sont tellement éloignées de ces provinces, que leurs produits, chargés d'un prix exorbitant par la dépense du transport, se refusent d'eux-mêmes à s'y introduire; et, d'autre part, la production des sels ne peut s'opérer de toutes pièces, s'obtenir par des combinaisons chimiques.

Ainsi il n'étoit besoin d'imposer de prohibition, ni aux créations de l'industrie, ni à la circulation du commerce; ainsi le monopole, allégé, ou plutôt libéré de toutes formes coërcitives, devoit s'y ériger sans obstacles et sans reproches, sembloit y être intrônisé par les mains mêmes de la nature.

Une de ces causes fatales, qui, provenues accidentellement, ne portent pas moins leurs résultats, que si elles tenaient à un principe, à un système, est venue lui prêter un nouvel appui. Depuis des siècles, la matière des sels était frappée d'une taxe énorme, qui se confondait au débit avec le prix réel, par l'effet des habitudes; une faible addition au taux de cette taxe, au montant de ce prix, ne suscita point de scrupule au Gouvernement, point d'entraves à la consommation.

Ou, pour mieux dire, la matière des sels, rejetée en dehors de tous les autres produits agricoles ou industriels, se vit admise et tenue pour matière essentiellement adaptée à l'impôt, pour matière taillable et corvéable, à l'égard de laquelle le fisc n'avait à computer que les calculs de son bénéfice net, sans apprécier nullement, ni les droits de la justice, ni les intérêts de la richesse publique.

Est-il rien de plus commun, de plus commode, que de se décharger de tout devoir, de se délivrer de tout embarras, de n'avoir point de question à résoudre, et de suivre, en liberté de conscience, en repos d'esprit, les erremens du caprice ou de la routine!

Il ne falloit pas moins que de telles occurrences et de tels penchants, pour intervertir toutes les notions du bon droit et du bon sens.

La plus grande partie du royaume est fournie

par les salines de mer, et la faible portion de l'Est possède des sources salées : là, le soleil, dans toute sa force, est l'agent de la production ; ici, c'est le feu, entretenu par une immensité de combustibles.

Les salines de mer sont divisées entre des milliers de propriétaires, sont susceptibles de s'étendre, autant que le haut prix de la denrée y appelleroit des fonds, de sorte que la concurrence présente et future garantit à la consommation, des quantités suffisantes et des taux analogues au coût de fabrique.

Les sources salées étaient également destinées à exciter l'industrie, à se multiplier à raison des profits, à satisfaire ainsi le marché suivant ses besoins et sous des conditions équitables.

Voilà l'œuvre de la providence, et voici l'ouvrage du fisc.

Le fisc s'est emparé des meilleures sources, a fait clore celles qui les avoisinent, a interdit celles qui allaient s'exploiter ; et, dernièrement, il vient, dit-on, d'affermer les sources occupées par des particuliers.

Or, c'est le monopole, puisque, par l'entremise de ses ayant-cause, le fisc est seul débitant de la denrée ; c'est la gabelle, puisque le prix vénal est fixé au-dessus du coût de fabrique, et même a été élevé de 12 à 15 et à 18 francs, afin que les rentrées du trésor ne fussent pas réduites.

Par ces procédés, par ces manœuvres, le fisc conserve, en outre de sa part dans les bénéfices nets, un bail considérable, dont le montant s'extrait de la plus-value du prix vénal, et est perçu par le fermier sur le consommateur, à raison de telle quotité par quintal métrique.

Si le bail monte à deux millions, et s'il se vend deux cent mille quintaux de sel, le consommateur de l'Est paie dix francs par quintal, au-delà de la valeur légitime, au-delà du prix qu'il paierait à l'industrie, au-delà du prix que paient les autres habitans de la France.

A ces caractères, on ne reconnaît plus une taxe générale, mais une surtaxe spéciale; on ne reconnaît plus une contribution assise équitablement entre tous les membres de l'État, mais une confiscation, une saisie opérée sur le revenu de tel ou tel.

L'ancienne gabelle, plus odieuse sans doute à cause de ses prix exagérés, plus immorale en raison de ses mesures coërcitives, se montrait en principe, moins inique et moins illicite, attendu que la diversité du prix vénal provenait des traités de réunion des provinces; et que, du reste, la charge était générale, proportionnelle, contributionnelle, s'il est permis de hasarder l'expression la plus vraie.

RÉGIE DE LA MINE.

Le remède à un tel état de choses est offert par les circonstances mêmes qui ont amené à en découvrir le vice. Le bail des salines vient d'être résilié : le prix de ce bail, indûment prélevé sur les seuls habitans de l'Est, doit être enfin réparti entre les diverses contrées de la France.

Dans l'origine, la marche naturelle était sans doute de laisser toute la liberté à l'industrie, quant à l'exploitation des sources salées; et au lieu de prohiber la création des fabriques nouvelles, de la provoquer au contraire, au moyen de primes d'encouragement, afin de susciter une concurrence tendant à améliorer les procédés, à réduire le prix vénal.

Mais des obstacles invincibles ne permettent pas, à cet égard, l'application des principes.

Il existe un impôt énorme sur les sels, par lequel la fraude est vivement excitée : c'est un devoir moral que d'en étouffer la conception naissante, d'en prévenir les habitudes pervertissantes; c'est un besoin bursal que de modérer la chance de ses succès et les frais de sa répression. Et ces deux précieuses fins ne pourraient s'atteindre, s'il s'établissait un certain nombre de fabriques de sels, chacune peu considérable, et toutes fort éparpillées.

D'autre part, les contrées de l'Est sont fermées à l'introduction des sels de mer, en sorte qu'une coalition entre les divers exploitans des sources salées, qu'il est difficile d'empêcher, les mettrait en état d'usurper un débit exclusif, d'exiger des prix exorbitans.

La découverte de la mine vient apporter encore et plus de périls et plus de motifs.

Serait-elle divisée en plusieurs concessions, chose qui paraît impraticable, la connivence est encore plus probable entre les différens fermiers. Serait-elle abandonnée à une seule compagnie, ses moyens lui permettent d'écraser ou d'acheter toutes les fabriques de sels, de manière à s'attribuer un monopole usuraire autant qu'onéreux.

Or, le principe de la concurrence n'a point été conçu en vue de la liberté et du bénéfice des producteurs, mais seulement dans l'intention d'obtenir à son aide le perfectionnement des procédés, et par suite, la diminution du prix vénal. Dans le cas actuel, son exécution tournerait contre son intention même.

Monopole pour monopole, il convient mieux de le prendre au compte de l'Etat, que de le laisser aux mains des particuliers : car ceux-ci ont un intérêt direct et constant, à l'exercer dans toute sa rigueur, tandis que l'Etat, sitôt qu'il vient à s'éclairer, dédaigne d'en faire usage et rentre aux voies de la justice, guidé par les conseils de la sagesse.

La conclusion s'offre d'elle-même. La mine de sel gemme et les sources salées sur lesquelles l'Etat a la main mise, doivent être réunies et administrées par une régie intéressée, qui jugerait avec le temps et après des essais, s'il faut conserver ces deux sortes de fabriques, ou s'il vaut mieux abandonner l'une ou l'autre.

Au lieu que dans l'état actuel des choses, où tout est également méprisé, soit le principe, soit le résultat, l'Etat ne perçoit le montant du bail des salines qu'en raison du prix élevé dont sont grevés les habitans de l'Est; alors il accorderait, au contraire, à la nouvelle régie, une remise combinée en juste proportion de la baisse du prix vénal, afin de l'encourager à améliorer la main-d'œuvre, seul moyen d'atteindre à ce but si désirable.

Ou peut-être, la difficulté de s'assurer du prix

effectif des ventes déterminerait l'Etat à fixer un maximum très-modéré, c'est-à-dire de six à dix francs le quintal, suivant les distances, s'il paraissait que cet intérêt plus précis dût activer encore le zèle de la régie et contribuer ainsi à la réduction du prix vénal.

Cependant la régie qui du reste ne pourrait être mieux confiée qu'à l'intègre et habile administration des salines de l'Est, devrait être astreinte à ne vendre que des sels raffinés à gros grains et épurés à 98 parties de muriate de soude, et à ne point dépasser la quantité de 250,000 quintaux métriques.

Ces deux clauses, dont la convenance a été exposée ailleurs, sont réclamées également par les intérêts des consommateurs de l'Est et par ceux des producteurs de sel de mer. Si l'une fut d'abord conçue en faveur des premiers, elle tourne aussi à l'avantage des seconds, en leur évitant la rivalité du sel gemme; et l'autre qui fut mise en avant, pour la protection des sels de mer, favorise les contrées de l'Est, en ce que le prix des combustibles hausserait et éleverait le coût de fabrique, par suite de l'extension du raffinage.

Et qu'on le remarque bien, qu'on le remarque une fois entre mille, afin de basarder quelqu'autre expérience et de se soumettre un jour, à la loi générale ; la production et la consommation, mobile et fin de la société, sont en alliance plutôt qu'en guerre, tant que l'astuce fiscale ne vient point propager la discorde entre les deux camps.

RUINE DES PROJETS.

Cependant la question relative à la mine, diffère de la question des rentes, en ce point capital, que la solution de celle-ci entraînait à l'instant, une masse énorme de désastres qui se trouvaient accomplis par le fait, et auxquels le temps même n'aurait apporté que des remèdes tardifs et partiels, que des remèdes provenant d'une crise, autant et peut-être encore plus funeste; tandis qu'à l'égard des sels, si le pouvoir s'abandonne à l'erreur, si la loi est induite à mal, leurs actes vont, non sans avoir propagé de vives inquiétudes, non sans avoir occasioné des démarches ruineuses, rencontrer à la première tentative, cette barrière indomtable qu'oppose au vertige des esprits, la force d'inertie des choses.

Et s'il existe des moyens qui puissent lutter contre les vaines idées, s'il existe des motifs qui viennent à l'appui des argumens de la justice, ces moyens, ces motifs doivent sans doute dériver de l'impossibilité du succès.

C'est à l'exposition de ce point de vue qu'on consacre les dernières pages de cet écrit.

« Il y a trop de sels : voilà le fait qui domine la matière. »

Telles sont les paroles du savant très-distingué en cette partie, les paroles de celui dont l'opinion devrait aussi dominer tous les systèmes.

Mais les petites vues de l'homme, qui se rappetissent d'autant plus par son penchant à n'apprécier que son mince individu, à ne se déterminer que d'après ses désirs sordides, incapables qu'elles sont d'admettre, de reconnaître une conception d'ordre élevé, se trouvent réduites et comme forcées à n'y voir qu'un jeu de l'imagination, à s'en défier même.

Le fait éminent et décisif ne sera compté pour rien, n'entrera point dans la balance où son poids naturel et permanent l'aurait tellement emporté contre l'effort factice et passager des misérables prétentions.

Or, si vous êtes insensés, nul ne peut rectifier votre idée ; et si vous êtes tout-puissans, nul ne peut réprimer vos desseins. Marchez donc, poussez de l'avant, courez au plus vite. Eh! qu'y a-t-il? Qu'est-ce qui vous arrête? A peine êtes-vous partis. C'est vraiment dommage : tout allait à souhait en spéculation.

Vous aurez méprisé le droit. Bien : nul risque

ne vous menace; la route est frayée au large. Ainsi que la colombe, qui s'envole de l'arche et ne trouve où poser le pied, jamais encore il n'a vu le sol se raffermir sous ses pas; jamais ses tentes n'ont été plantées à demeure ici-bas. Dépourvu de défense, trompé en ses alliances, à l'invasion soudaine de la force, il fuit et disparaît, faisant appel aux revers pour sa vengeance, n'ayant recours qu'au sort pour sa restauration.

Mais vous avez méprisé le fait. Mal. A quoi pensez-vous donc? Moscou n'est pas si loin. Ce nouveau Titan qu'engendra la terre et qu'elle nourrit du sang le plus pur, grandit avec le temps, se fortifie par l'exercice, prenant acte de ses succès, prenant leçon de ses défaites; et si c'est qu'une fois, le dieu rival l'emporte dans la lutte, voyez avec quelle adresse il se reploie, se retourne, l'entraînant dans sa chute et l'étouffant de ses horribles étreintes, au moment même où il vient d'être renversé sur l'arène.

Il y a trop de sels; et ils sont de bonne qualité, ils sont à un prix modique. Vous n'en voulez plus et vous en voulez d'autres. La nature aura tort. Ces sels ne sont-ils pas semés, couvés et mûris, comme par l'intervention divine, par l'entremise des influences du soleil et de l'air, deux agens prééminens de la Providence? Malheur donc à eux : la vanité ne veut pas des travaux à ciel ouvert, il lui faut soumettre la terre au sondage, s'enfoncer dans les entrailles de l'abîme, y enchaîner les enfans d'Adam; et à quelle fin? Pour extraire des impuretés, pour leur faire subir de vains apprêts, pour en repaître de force une population en vain suppliante.

Voilà le rêve et voici le réveil : l'un qui éblouit et suscite les espoirs décevans; l'autre qui foudroie et paralyse les infatigables efforts.

Le bail des salines est résilié, et son prix était de deux millions et demi. Il convient de retrouver ce prix dans le bail de la mine; il conviendrait même d'obtenir quelques cents mille francs en sus : car si le fisc vend le sang et livre la fortune des peuples, c'est bien le moins que, par une compensation suffisante à ses yeux, le paiement lui en soit alloué, en raison du dixième ou du vingtième de la valeur aliénée.

Mais où sont les fermiers?

L'administration des salines de l'Est ne paraît pas disposée à se mettre sur les rangs, répugnant sans doute à pousser dans le gouffre et ses travaux et ses trésors, à lutter de son habileté éprouvée contre des résistances inattendues et inappréciables; répugnant surtout à s'exposer aux risques d'être tentée, d'être soupçonnée du moins, d'employer les manœuvres honteuses, qui seules pourraient balancer des pertes imminentes.

Si la compagnie de la mine n'ose parler de même, c'est justement parce qu'elle entend agir de même. L'indemnité due aux inventeurs lui semble préférable à la concession de la mine; et, pour qu'elle soit plus forte, il importe que le prix du bail s'élève; et, pour que ce prix s'élève, il convient que les amateurs soient stimulés par sa concurrence; et, pour que sa concurrence paraisse certaine, il faut que la mine se présente à l'imagination, sous les plus brillantes couleurs. De là on ne saurait dire combien d'artifices sont pratiqués à grands frais et à grande peine. D'abord, une notice officieusement lancée dans le public et un rapport furtivement surpris aux commissaires de l'Académie; puis les sels gemme et raffiné mis en vente à 3 et 4 francs de perte par quintal métrique, et des primes données à certains négocians, en raison de la quantité écoulée; enfin le sel gemme retiré de la circulation, au moment où son impureté menaçait de devenir trop choquante, et des échantillons triés avec soin dans les plus rares qualités, remis aux personnes envoyées sur les lieux pour en recueillir de toutes les sortes.

N'est-ce pas là parler et par les faits et par les gestes? N'est-ce pas parler mieux que par la langue, trop connue pour mentir et se démentir? Il est clair qu'une compagnie qui aurait désiré la concession se serait efforcée au contraire à vilipender les produits, à épouvanter des périls, afin d'écarter ses rivales et de rester seule.

Ainsi ceux qui y entendent n'y prétendent pas, et ceux qui n'y entendent pas y prétendent. Ingénieux plutôt qu'ingénieurs, ces derniers ne perdront pas argent et temps et peines à sonder, creuser et boiser, à excaver et entailler, se tenant pour sûrs que d'un coup de baguette la mine de sel sera transformée par eux en une mine d'or.

Vous aurez donc quelque société en commandite, qui jettera ses actions au porteur, sur le théâtre de la cupidité, excitant, exaltant les badauds du parterre et se retirant derrière la toile, aussitôt qu'elles auront été enlevées à 10 et 20 pour 100 de bénéfice; qui vous donnera un prix de bail peut-être exorbitant, afin de débiter d'autant mieux ses papiers, car au marché de l'engouement, le prix nominal simule la valeur réelle; qui enfin manquera au premier jour à ses obligations, vous laissant entre les mains un modique cautionnement dont elle aura été remboursée; sur les bras, une administration qu'il vous faudra congédier tout d'abord; et sous les pieds, une mine où tout sera à défaire, puis à refaire avec plus de frais qu'à son ouverture.

PUISSANCE DES FAITS.

La mine, à peine naissante, présente déjà l'aspect de la décrépitude. Fleur trop délicate, elle sembla d'abord parée de quelque éclat, et le papillon si facile à séduire, battait des ailes; quand la taupe survint, fouillant et creusant autour de ses racines, si bien que la tige s'est fanée pour ne reverdir jamais.

Qu'on ouvre la Notice sur la mine: à deux cents pieds sous terre, il y a une couche de quarante pieds d'épaisseur; il y a dans un espace étroit, de quoi fournir la France pendant quatre-vingt-seize mille ans; et pour le mieux encore, ce sont de beaux et bons sels.

Est-ce donc la couche qui s'est esquivée, ou les produits qui se sont maléficiés? La sonde perce encore, et le puits la suit servilement; il a déjà franchi à travers cinq couches, jusqu'à la neuvième, qui peut-être va se refuser de même à offrir les douceurs du repos aux mineurs désappointés.

Ainsi, dans les convulsions de quelque affreuse crise, la nature si féconde en faveur de sa créature favorite, aura avorté par neuf fois; et l'art armé des plus habiles instrumens, faillit à l'opération de sa délivrance, toujours prêt à être gagné et surmonté par l'éruption des eaux de la matrice souterraine.

Deux ou trois puits ont été abandonnés, un seul reste, qui représente aux fondateurs, au-delà d'un million.

Il faudra choisir cependant, ou de multiplier indéfiniment les puits, ou de pousser des galeries intérieures, dont les dépenses seront énormes, à raison de l'immensité des matières salifères, qui ne peuvent être enlevées au-dehors. Et, quelque parti qu'il soit pris, dans l'opinion de la personne expérimentée dont il a été parlé, les frais d'extraction s'accroîtront et s'exagéreront de travaux en travaux.

Mais si le puits se prolonge incessamment, s'il délaisse la troisième couche tellement prônée, s'il dépasse sans s'arrêter six autres couches, n'ayant plus ce semble pour point de mire, que le centre de gravité du globe, un trait de feu éclate et la lumière apparaît étincelante, sous les coups redoublés de la pioche.

La masse informe et hétérogène de sel gemme se détériore au lieu de s'améliorer, à mesure que les couches s'enfoncent davantage dans la terre. Voilà le fait que ne peuvent réfuter les mots, que ne sauraient résoudre les écus; le fait qui, s'il ne règle pas, ne domine pas les projets, doit saper et ruiner les tentatives.

La mine est en baisse, et la rapide, la soudaine dépréciation de cette valeur imaginaire, étonne jusqu'aux plus mécréans. Qu'on ne parle plus de la mine de Wiélisca; il n'y a d'analogie qu'avec les mines de Saltzbourg et de Nortwich, où le sel gemme est tellement impur, qu'il a fallu en prohiber la vente.

Dans sa phase actuelle, la mine de Vic présente un cinquantième de sel blanc pur, auquel l'on ne peut rien reprocher, si ce n'est qu'il fond difficilement, et qu'il est corrosif pour les beurres et les salaisons; un vingtième de sels blancs-rouges, colorés par l'oxide de fer, qui joignent aux mêmes inconvéniens celui de répugner à l'œil, par leur teinte toujours rougeâtre; et du reste, un cinquième de sel demi-gris, où sont renfermées des parties terreuses, et des sulfates de magnésie et de chaux; enfin, trois quarts de matières salifères, où l'essence saline est intimement alliée avec l'argile, le silice et les mêmes sulfates, de sorte à ne pouvoir s'extraire qu'imparfaitement, même par la dissolution.

Et les sels blancs et rouges ont besoin, ainsi que

le sel blanc pur, d'être triés avec soin, se trouvant confondus avec les sortes différentes; et ces sels, de même que les sels demi-gris, doivent après le triage être concassés, broyés, pilés; et la poussière ainsi obtenue des uns et des autres, n'offre plus à l'œil aucune apparence de formes cristallines; et ses molécules réduites au dernier degré de ténuité, demeurent insolubles en partie à la cuisson et sur la langue.

Donc à moins de violenter la consommation, il n'est de ressource pour la mine, que par la méthode du raffinage.

Mais s'il est vrai que les frais de triage et de pulvérisation égalent les frais de l'épuration, de sorte que ce dernier mode ne soit pas plus coûteux, il est vrai aussi que les dépenses d'extraction et d'épuration des sels de la mine sont équivalentes aux dépenses du raffinage immédiat des sources salées : d'où il suit que ces dernières dépenses étant fixes et certaines, tandis que les premières sont si vagues, si hasardeuses, les sources salées sont infiniment préférables à la mine, quant à l'emploi des procédés du raffinage.

Au reste, il n'y a point de rapport appréciable, commensurable, entre l'énormité des travaux de la mine et la modicité des écoulemens en sels raffinés; leur débit ne s'élève pas au vingtième de la consommation dans Paris, au cinquantième dans les provinces. Et sans parler de la force des habitudes, la déliquescence de ces sels, leur propension à se fondre, à se dissoudre à l'air, imposent des limites étroites, invariables, à l'extension des ventes.

A quoi bon la mine? va-t-on s'écrier de toutes parts. Aussi la compagnie de découverte et l'administration des salines la repoussent, la renvoient à d'autres.

Et même, s'il fallait en croire de graves autorités, le trait qui frappe en tant d'asiles, qui blesse aux points les plus sensibles, n'est pas lancé de la haute ni de la moyenne région, mais de la basse.

Le calamiteux projet serait issu d'un cabinet de second ordre, et aurait été élaboré, en quelque tête de mince renom, de talent équivoque, qui cherche à se faire du jeu ou à se faire de la gloire, deux sortes de convoitises, peu différentes chez le génie, toutes semblables pour la médiocrité.

Je veux, dit la poussière des bureaux ; et les exhortations de la justice, les admonitions de la sagesse disent: nous ne voulons pas.

Qu'en sera-t-il? hélas! on ne sait.

ANALISE DES SELS.

Note sur les Sels gemmes de la mine de Vic, qui m'ont été remis par M. le Mis. de La Gervaisais.

Les quatorze échantillons de sel gris, et demi-gris se présentaient avec des apparences très-diverses : les uns étaient d'une transparence parfaite dans quelques points, et présentaient dans d'autres portions, des noyaux de matière étrangère d'un gris foncé : les autres étaient amorphes et très-variés aussi sous le rapport de leur aspect. Ils avaient été pris dans une masse de 10,000 kilogrammes, dans une fabrique de sel ammoniac.

Quelques-uns de ces échantillons purs en apparence donnaient cependant, à l'analise, une grande quantité de matière insoluble; trois, surtout, sont dans ce cas et l'œil n'aurait pu juger qu'ils continssent une aussi forte proportion de substances terreuses.

Ces sels, comme la plus grande partie des sels

gemmes, ne contiennent pas sensiblement d'eau interposée; ils ne décrépitent pas au feu. Sans renfermer une quantité sensible de sels déliquescens, ils attirent fortement l'humidité et sont bientôt enveloppés d'une couche de liquide.

Ces quatorze échantillons ont donné pour résidu, les proportions suivantes :

N°. 1....	47, 8.	N°. 8....	18, 9.
2....	46, 7.	9....	17, 6.
3....	41, 9.	10...	16, 7.
4....	29, 5.	11...	15, 0.
5....	25, 0.	12...	14, 5.
6....	23, 7.	10...	14, 5.
7....	23, 5.	14...	11, 6.

L'analise de ces résidus mélangés a donné pour moyenne de trois essais :

Silice....................	25, 000.
Alumine..................	15, 000.
Oxide de fer..............	14, 000.
Sous-carbonate de chaux....	24, 038.
Sulfate de chaux...........	21, 720.
Oxide de Manganèse...... }	traces.
Sous-carbonate de Magnésie. }	
	99, 758.

Les sels solubles réunis ont donné à l'analise :

Hydro-chlorate de soude....	99, 000.
Sulfate de chaux...........	0 134.
Hydro-chlorate de Magnésie.	traces.
	99, 139.

Paris, le 6 décembre 1824.

G. GAUTTIER DE CLAUBRY.

EXAMEN

DU RAPPORT FAIT A L'ACADÉMIE.

On ne prendra pas la peine de relever les erreurs de la Notice. Comme les inventeurs ne veulent que palper l'indemnité qui leur est légitimement due, il est fort naturel, qu'en exposant la mine, au marché des enchères, ils la vantent et la prônent, ainsi que fait tout marchand à l'égard de sa denrée.

Mais on est forcé d'examiner le rapport des commissaires de l'Académie, en rapprochant ses assertions, des faits démontrés dans cet écrit; car pour le public, ces sortes de pièces ne laissent pas que d'apparaître, avec quelque autorité, bien qu'il soit assez notoire que les rapports faits par un seul membre, sont approuvés par la commission, puis par l'Académie, sur parole.

On commence par la dernière phrase qui n'est pas la moins piquante.

« Enfin, le sel de Vic, est parfaitement salubre. (Page 85). »

Or, dans tout le rapport, il n'est donné d'autre preuve de cette allégation, sinon qu'un des commissaires l'a fait employer pendant dix jours, dans son ménage de huit personnes et que la compagnie déclare que ses ouvriers en font usage depuis un an, sans en avoir éprouvé aucun mauvais effet. (Page 79).

Et si comme il est écrit, le ménage académique a fait choix pour cette notable expérience, des plus mauvais échantillons du sel de Vic, c'est-à-dire de ceux qui contiennent 47 pour 100 de résidu siliceux, alumineux, carbonatiique et sulfatique, il faudra exalter une telle grandeur d'âme, une telle puissance de digestion, en se gardant bien cependant, d'en tirer aucune conclusion, quant à nos esprits frivoles et nos débiles estomacs.

« Un bel échantillon de sel demi-gris ne contenait que deux centièmes de substances étrangères. Les échantillons les moins beaux n'en contenaient que quatre centièmes. Ce sel pulvérisé donne une poudre bien blanche..... Le sel gris a une couleur gris de cendre plus ou moins foncée : sa poudre est d'un blanc un peu grisâtre : il ne contient que quatre à cinq centièmes de substances t rangère s. » (Page 72).

« Les substances étrangères forment au plus les cinq centièmes, dans les échantillons les moins purs du sel de Vic. » (Page 75).

« L'argile bitumineuse et les sulfates de soude, de chaux, de magnésie, ne forment au plus que les quatre centièmes des plus mauvais échantillons. » (Page 78).

« La commission a reconnu que le sel de la mine de Vic, étant égrugé, donnait *toujours* des poudres blanches et de belle qualité. » (Page 85).

Autant ces passages sont forts en nombre, autant ils sont faibles de poids : voyez l'analise des sels.

Il est trop évident que les commissaires n'ont reçu que des échantillons de choix et les ont acceptés de confiance.

« Il serait sans inconvénient de n'extraire que le sel pur, et c'est le parti que désire prendre la compagnie. » (Page 81).

« Il est d'ailleurs probable que les exploitans de la mine ne vendront que du sel choisi, *presque pur*, pour le service de la table. (La table veut dire ici, la consommation). » (Page 79).

« On destinera sans doute le sel blanc aux usages de la table, (lisez, de la consommation). Le sel demi-gris pourra encore être vendu comme sel commun, pour le même emploi. » (Page 82).

« Les sels colorés en rouge, étant composés de sel presque pur, pourront servir par leur mélange avec le sel gris, à en améliorer *encore* la qualité. » (Page 77).

Tous les projets de la compagnie nous sont dévoilés par les commissaires. Et on ne s'était pas trompé dans cet écrit, en disant qu'elle n'entendait débiter que du sel gemme, qu'elle coulerait du sel presque pur, avec du sel choisi, puis du sel demi-gris avec du sel blanc; enfin, qu'elle mêlerait ensemble des sels purs et des sels gris, pour voiler l'impureté et l'insalubrité de ces derniers.

Tout est connu maintenant, tout est prouvé. Fasse le ciel que la mine n'échoie pas à telle compagnie, ni même à toute autre, car la meilleure ne vaut rien.

« La cohésion du sel gemme est assez grande, pour que l'acide sulfurique l'attaque avec peine, lorsqu'il n'est pulvérisé que grossièrement : l'opération marche mal, donne de faibles produits et laisse pour résidu, un pain de sulfate. » (Page 83).

« Le sel gris sera préféré dans les fabriques, parce qu'il se vendra moins cher que le sel blanc et le demi-gris, et ne contiendra pas au-delà de quatre à cinq centièmes de substances étrangères (page 82). »

Que de choses à répondre, si le temps s'y prêtait, et s'il était encore besoin!

Tout sel est de prix égal, est à prix fixe, grâce à la taxe : le moins cher, c'est le plus pur. Et notez que les sels gris renferment de vingt-cinq à cinquante centièmes de matières hétérogènes.

Nous voyons que pour soumettre le sel gemme à l'acide sulfurique, il faut le réduire en poudre fine; mais à quel degré, s'il vous plaît, avec combien de frais, de peines et de temps? Il n'en est rien dit. Il appert seulement, qu'on n'en fait usage qu'à la fabrique de la Folie. (Lisez, page 83.)

Cependant si votre sel gemme n'est attaqué par l'acide sulfurique qu'en poudre fine, qu'adviendra-t-il de lui, même en poudre superfine, soit dans la marmite et dans la casserole, soit dans le pain, le beurre, la viande, salés à froid? Hélas! de même que la créature humaine, il n'est que poussière et il retournera en poussière. C'est un sel insoluble, au moins en partie; c'est comme un anhydre.

Quelle belle chose que science; mais quelle bonne chose que nature! Ne bataillons pas sur les mots: celle-ci y est peu experte; allons au fait plutôt; car si elle ne parle, comme elle agit!

Voilà des sels, légitimes provenances de la mer et du soleil: vos creusets et vos cornues en font mépris; il s'y trouve de l'eau d'interposition, tandis que la calcination ne fait rien perdre au sel gemme. Pauvres creusets, tristes cornues, vous ne voyez donc pas que cette eau qui sait si bien ce qu'elle fait, ne s'interpose entre les molécules primitives, qu'afin de les tenir en état de dilatation, de les disposer au passage de la dissolution et de les mettre ainsi à la portée de nos moyens, en rapport avec nos besoins.

« En parcourant les tableaux annexés, on voit que les sels de mer ne donnent que 95 à 96 centièmes de sel pur, au lieu que le sel demi-gris de Vic ne contient que de 2 à 4 centièmes de substances étrangères.

« Leur inspection prouve aussi que le sel gris qui se vend à Paris ne contient au plus, étant séché, que de 95 à 96 de sel pur par quintal; qu'il se vend pour l'usage de la table, des sels qui ne contiennent que 93 à 94, et même que 85 à 86 centièmes de sel marin pur; et que conséquemment, les échantillons de sel gris de Vic, regardés comme les moins purs de tous, donneront encore, étant égrugés, une poudre plus pure que les sels communs qui se trouvent dans le commerce.» (P. 76.)

Les sels gris ont de l'avancement : naguère ils étoient relégués dans les étables ou dévolus aux fabriques (page 82); et maintenant ils sont promus au-dessus des sels du commerce, presqu'au pair des demi-gris.

Voyons cependant les tableaux annexés au rapport. Ils attribuent aux sels de mer de 95-58 à 97-57 centièmes de muriate de soude : ce n'est donc pas des sels de mer dont il est question ici.

Ces tableaux indiquent ensuite des sels qui ne

rendent que de 93 à 94, et même 85-50 en muriate de soude; mais ces sels proviennent des sources salées et ne sont jamais venus jusqu'à Paris. Ce n'est donc pas des sels de cuite dont il est question ici.

Et de quels sels est-il question? On n'en sait rien; on sait seulement qu'il ne s'en trouve pas d'autres dans le commerce de France.

A Dieu ne plaise qu'on entende démentir les commissaires; et pourtant; mieux vaudrait encore que mentir soi-même.

« La commission s'est assurée que 100 grammes de sel gemme, réduits en poudre, donnaient jusqu'à 180 grammes d'acide muriatique, tandis que le sel commun, qui se vend à Paris, n'en peut fournir que 160. » (Page 83.)

Cette fois, le démenti ne sera pas de sa façon : la note insérée à la page 84 se charge de la corvée.

« *Quantités d'acide muriatique.*

« Sel gris de commerce fortement séché	175 4
« Sel de mer raffiné, séché	180
« Sel blanc de Vic	178 5
« Sel blanc de Vic, choisi	180 1

Par où l'on voit que le sel de mer raffiné donne deux grammes de plus que le sel de Vic, et seulement un dixième de gramme de moins que le sel blanc choisi.

C'est toujours cette maligne eau d'interposition, qui s'interpose entre l'évidence des faits et l'opinion des commissaires; car enfin ils ne veulent pas nous ravir le droit de raffiner, voire même de sécher nos sels, avant d'en extraire l'acide muriatique; et peut-être ne viendront-ils pas infirmer l'identité de nos sels bruts, avec nos sels raffinés et séchés.

Vraiment, il y a incompatibilité entre mauvaise cause et bon jugement : qu'ils fassent divorce.

Cependant le rapport est terminé par un tableau d'analise, qu'on avait d'abord mis de côté, non sans raison peut-être.

Ce tableau est intitulé : *Analises de quarante-six Echantillons de Sel marin, pris dans le commerce.* Et il n'y a que quarante-une analises, par l'effet d'un double emploi; et il n'y a que huit échantillons de sel de mer, trente-trois de sel de cuite; et il y a des sels étrangers, qui ne sont point pris dans le commerce de France.

Les analises sont extraites du *Journal des Mines*, à qui toute foi est due, de Klaproth qui porte autorité, de Baumé dont il n'est fait aucun cas.

Ces analises sont tellement faites, pour en donner un seul exemple, que les n°s 2, 3 et 4, suivant Klaproth, fournissent deux centièmes de sulfate de chaux, et trois millièmes de muriate de magnésie, tandis que les nos 30, 31, 32, 33 et 34, tout-à-fait analogues, fournissent d'après Baumé, trois centièmes de muriate de magnésie, et pas un atome de sulfate de chaux.

Mais laissons ces anomalies, car il ne s'agit ici que des sels de sources salées, formant cinq articles, deux fois répétés chiffres pour chiffres, dont l'analise provient du *Journal des Mines*.

On y voit que ces sels, en raison du mode de raffinage, donnent de 98-67 à 85-50 centièmes de muriate de soude ou de sel pur; c'est-à-dire pour les premiers, deux centièmes de plus; et pour les derniers, dix centièmes de moins, que ne donnent les sels de mer du commerce.

On y voit que le sel des bassins ne contient qu'un centième de divers sulfates; que le premier sel de chaudière en contient déjà plus de cinq centièmes; le second près de six centièmes; le dernier enfin, douze centièmes et demi.

Du sel des bassins, au dernier sel des chaudières, il n'est pas d'autre différence, sinon qu'il y a treize pour cent de muriate de soude de plus dans celui-là, et douze pour cent de sulfate de magnésie de plus dans celui-ci.

La balance est exacte; il y a poids pour poids. Seulement est-ce du muriate ou du sulfate, dont vous comptez repaître les habitans de l'Est? Est-ce un digestif ou un laxatif, que vous devez leur administrer?

La question étant posée, est résolue.

Du reste, on ignore parfaitement quelle est la sorte de ces sels, qui est débitée par l'administration des salines; et en tout état de choses, il n'y aurait nullement à la blâmer: le régime sanitaire n'est point dans ses attributions. Le bail est-il forcé de prix, d'après un calcul assis sur le coût du dernier sel, il faudra bien que ce sel soit imposé aux estomacs de deux millions de Français. Tout le tort est au gouvernement.

Veut-il avoir tort à nouveau? veut-il rester dans l'impénitence finale? Il semble en prendre la route; il prétend affermer la mine, soit aux enchères, soit dans le cabinet; et l'un vaut l'autre. Les agens du fisc pousseront de même le prix au plus haut, ne mettront point de restrictions, ne tiendront point à la moralité.

Et les fermiers consentiront au prix, et se comporteront de manière à le payer, et ne vendront que des sels de dernière qualité, et n'auront pas tort.

Il n'y a qu'un remède, qu'un moyen de salut: c'est d'obliger les fermiers ou régisseurs, à ne livrer que des sels cristallisés à gros grains, à 98 centièmes de muriate de soude, par une évaporation de 72 à 96 heures, comme il est si bien dit dans la Notice (page 49).

Le prix du bail sera moindre, si tant est qu'il y ait bail. Oui; mais la justice rétribuée, la santé garantie, les forces relevées, les âmes attendries, n'est-ce pas aussi d'un certain prix, bien que ce prix-là ne s'escompte pas à raison de tant de centimes, par chaque kilogramme de sel?

Or, quoi qu'il puisse en être jugé par d'autres, ce prix-là est d'une si haute valeur, au sentiment de celui qui laisse tomber ces dernières lignes, qu'encore qu'il soit intéressé, et par lui-même et pour ses amis, à la sécurité, à la prospérité des salines de mer, il se porterait, ce lui semble, à consentir (s'il n'était plus que ce moyen pour parvenir à une telle fin) qu'aucunes limites ne fussent imposées à la ferme ou à la régie, quant à la quantité des quintaux métriques mis en circulation; sous la condition toutefois, qu'afin de mettre au pair, de traiter à l'égal, les fabriques de sels de mer et de sels de cuite, l'administration des douanes, jusqu'à cette heure, trop semblable à celle des parques qui tient le ciseau fatal, fût astreinte à ne percevoir ou à ne régulariser le montant de la taxe sur les enlèvemens, qu'à la sortie des dépôts établis à portée des bois et des charbons, dans lesquels les sels de mer pussent être séchés et raffinés ainsi que peuvent et doivent l'être les sels de l'Est, aux lieux mêmes de leur fabrique.

FIN.

TABLE.

	Pages.
Avant-propos	v
Idée de l'écrit	9
Limites du bail	14
Nature du sel gemme	21
Etat des couches de Vic	28
Risques de fraude	33
Dommage des salines	38
Erreurs du pouvoir	42
Balance des droits	48
Maintien du travail	55
Gabelle de l'Est	61
Régie de la mine	66
Ruine des projets	71
Puissance des faits	77
Analise des sels	82
Examen du rapport fait à l'Académie	85

Paris. De l'Imprimerie d'A. EGRON, rue des Noyers, n° 37.

www.ingramcontent.com/pod-product-compliance
Ingram Content Group UK Ltd.
Pitfield, Milton Keynes, MK11 3LW, UK
UKHW020931180726
13838UKWH00002B/882

9 782329 386805